ÉLÉMENS

DE

LÉGISLATION CRIMINELLE,

Par M. Bourcenne,

PROFESSEUR DE PROCÉDURE CIVILE ET DE LÉGISLATION CRIMINELLE
A LA FACULTÉ DE DROIT DE POITIERS;

Pour servir de Texte aux Explications de son Cours.

Prix 2 f.

Poitiers,

CHEZ F.-A. SAURIN IMPRIMEUR-LIBRAIRE.

1829.

ÉLÉMENS

DE

LÉGISLATION CRIMINELLE,

Par M. Bouceune,

PROFESSEUR DE PROCÉDURE CIVILE ET DE LÉGISLATION CRIMINELLE
A LA FACULTÉ DE DROIT DE POITIERS;

Pour servir de Texte aux Explications de son Cours.

Poitiers,

CHEZ F.-A. SAURIN IMPRIMEUR-LIBRAIRE.

1829.

Poitiers. — Imp. de F.-A. Saurin.

ÉLÉMENS

DE

LEGISLATION CRIMINELLE,

POUR SERVIR DE TEXTE AUX EXPLICATIONS DU PROFESSEUR DE
PROCÉDURE CIVILE ET DE LÉGISLATION CRIMINELLE, DE LA
FACULTÉ DE DROIT DE POITIERS.

DISPOSITIONS PRÉLIMINAIRES.

Dans un procès civil, deux particuliers se
présentent devant la justice pour un objet qui
n'intéresse qu'eux; l'un expose sa demande,
l'autre propose sa défense, et le juge prononce.

En matière criminelle, c'est le corps social
qui est la véritable partie; c'est la société entière, blessée par l'infraction de la paix et de
la sûreté publique, qui sollicite la condamnation d'un coupable.

Dans un procès civil, le ministère public
se montre seulement pour protéger les parties,

que leur âge, leur faiblesse ou leur absence mettent dans l'impossibilité d'agir ou de se défendre; ou pour la conservation de certaines formes très-utiles sans doute, mais presque toujours relatives à des intérêts privés.

En matière criminelle, le ministère de la partie publique est partout obligé, elle recherche, elle poursuit, elle requiert.

L'action, pour l'application des peines, n'appartient qu'aux fonctionnaires auxquels elle est confiée par la loi. Il n'en est pas comme chez les anciens, où il était permis *cuilibet è populo* d'accuser et de poursuivre. Cependant cette règle reçoit quelques exceptions. V. art. 336, 339, 357 et 433 C. pénal.

L'action privée en réparation du dommage causé par une infraction, peut être exercée par tous ceux qui l'ont souffert, en même temps et devant les mêmes juges que l'action publique; mais on sent que la renonciation à l'action privée ne peut arrêter ni suspendre l'action publique, parce que les particuliers ne peuvent pas disposer des intérêts de la société.

L'action en réparation peut être aussi exercée séparément, et devant des juges civils, soit contre l'auteur du dommage, soit

contre les personnes civilement responsables.
Art. 1382 et suivant du C. C. Mais lorsque
le fait qui y a donné lieu a été l'objet d'une
action publique, intentée avant ou pendant la
poursuite de l'action privée, l'exercice de celle-
ci, devant les tribunaux civils, demeure sus-
pendu, jusqu'à ce que l'action publique ait été
jugée par les tribunaux criminels.

L'action publique s'éteint par la mort du
prévenu; elle ne s'attache qu'à la personne,
et ne peut s'exercer quand la personne n'existe
plus; elle s'éteint aussi par la prescription.

L'action civile, quoique dirigée contre
la personne, tend à obtenir la réparation
d'un dommage; elle s'exerce sur les biens
que laisse la personne, et ne meurt pas
avec elle. Mais elle s'éteint par la renonciation de la partie, lorsqu'elle est capable
de disposer de ses droits, et par la prescription.

Tout Français qui se serait rendu coupable,
hors du territoire de France, d'un crime
attentatoire à la sûreté du royaume, qui aurait
contrefait le sceau de l'État, les monnaies natio-
nales ayant cours, des papiers nationaux, des
billets de banque autorisés par la loi; et même
les étrangers, auteurs ou complices de ces cri-

mes, qui seraient arrêtés en France, ou dont le gouvernement aurait obtenu l'extradition, pourraient être poursuivis, jugés et punis en France, d'après les dispositions des lois françaises.

De même, tout Français qui a commis un crime contre un Français hors du territoire du royaume, peut, à son retour en France, y être poursuivi et jugé, s'il ne l'a pas été en pays étranger, et si l'offensé rend plainte contre lui.

La loi distingue trois sortes d'infractions à l'ordre public : 1° la contravention, qui est punie des peines de police; 2° le délit, qui est puni des peines correctionnelles; 3° le crime, qui est puni de peines afflictives ou infamantes.

Il y a des règles pour déterminer le caractère de chacune de ces espèces d'infraction, pour les poursuivre, les prouver, les juger et les punir.

Les lois n'ont pas d'effet rétroactif; ainsi les peines qui n'étaient pas établies avant que l'infraction ait été commise, ne peuvent lui être appliquées.

La tentative du crime manifestée par des actes extérieurs, suivie d'un commencement d'exécution, est considérée comme le crime même, si elle n'a été suspendue, ou si elle n'a manqué son effet que par des circonstances fortuites et indépendantes de la volonté de l'auteur.

La tentative d'un délit n'est considérée comme un délit, que dans les cas spécialement déterminés par la loi, comme on le voit dans les art. 179, 401, 405, 414 et 415 du C. pénal.

Il n'y a ni crime ni délit lorsque celui qui en est prévenu était en démence au temps de l'action, ou lorsqu'il a été contraint par une force à laquelle il n'a pu résister.

Tous les jugemens portant condamnation, soit en matière criminelle, soit en matière correctionnelle, soit en matière de simple police, doivent contenir le texte de la loi qu'ils appliquent.

De la police judiciaire et des officiers qui l'exercent.

L'objet de la police judiciaire est de rechercher les crimes, les délits et les contraventions, d'en rassembler les preuves, et d'en livrer les auteurs aux tribunaux chargés de les punir.

Parmi les agens et officiers qui doivent exercer la police judiciaire, les uns sont préposés à la recherche des contraventions de police : tels sont les commissaires de police, et dans les communes où il n'y en a point, les adjoints des maires; d'autres veillent particulièrement à la recherche des délits forestiers et ruraux : tels sont les gardes forestiers et les gardes champêtres. V. art. 9 et 10 C. d'instruction criminelle.

Tous les officiers de police judiciaire doivent consigner soigneusement, dans les procès-verbaux qu'ils rédigent, la nature et les circonstances du fait, le temps, le lieu, et les preuves et les indices qui peuvent servir à faire reconnaître les coupables. Les procès-verbaux sont affirmés sincères et véritables, dans les cas où l'affirmation est requise, devant les juges de paix ou leurs suppléans, ou devant les maires ou adjoints des communes dans lesquelles les délits ont été commis. Voyez les lois du 29 septembre 1791, tit. 4, art. 7, du 28 thermidor an 4, et 28 floréal an 10.

Les maires et adjoints ne sont compétens, pour recevoir l'affirmation, dans les communes où résident les juges de paix et leurs suppléans, que lorsque l'absence de ces fonctionnaires est constatée.

Les procès-verbaux sont très-utiles, mais ils ne sont pas indispensables pour les poursuites, lorsque la culpabilité des prévenus peut être démontrée par la preuve testimoniale, ou par tout autre moyen.

La nature des fonctions des gardes forestiers et des gardes champêtres exigeait qu'on leur donnât le droit de suivre les choses enlevées, dans les lieux où elles auraient été transportées; cependant il ne leur est permis de s'introduire dans les maisons ou enclos, qu'avec l'assistance du juge de paix ou du maire.

Les gardes champêtres et forestiers doivent arrêter ou conduire devant le juge de paix ou devant le maire, tout individu surpris en flagrant délit, ou dénoncé par la clameur publique.

Les juges de paix, les officiers de gendarmerie, les commissaires généraux de police, sont chargés de recevoir les dénonciations de tous les crimes et délits commis dans les lieux où ils exercent leurs fonctions, et de les transmettre au procureur du Roi. Mais, en cas de flagrant délit, ils ne se bornent pas à donner des avis, ils agissent sur-le-champ, afin de prévenir la fuite du coupable, et l'enlèvement des pièces de conviction.

Les mêmes droits sont accordés, et les mêmes devoirs sont imposés aux maires et aux commissaires de police.

Il y a flagrant délit, lorsque le délit ou le crime (car ici le mot *délit* est générique, et comprend l'un comme l'autre) se commet actuellement, ou vient d'être commis; lorsque le prévenu est poursuivi par la clameur publique; lorsqu'il est saisi avec des effets, des armes, des instrumens ou des papiers qui font présumer qu'il est auteur ou complice de ce qui vient de se passer; enfin, lorsque le chef de la maison dans laquelle le crime ou délit a été commis, requiert l'officier de police de le constater.

L'officier qui reçoit l'affirmation d'un procès-verbal doit en donner avis, dans la huitaine, au procureur du Roi; et tous les procès-verbaux qui constatent des infractions doivent être adressés de suite à ce magistrat, à moins qu'il ne s'agisse d'une simple contravention de police, cas auquel le procès-verbal est remis au commissaire de police, et s'il n'y en a pas, au maire, afin de poursuivre comme on le verra plus loin.

Le procureur du Roi est un officier de police judiciaire, investi d'un tel pouvoir et exerçant une telle influence, que l'on pourrait presque assurer, disait l'orateur du Gouvernement, qu'il ne peut pas être sans reproche, toutes les fois qu'on a droit de se plaindre d'une infraction de l'ordre public, dans son territoire.

Il est, si nous pouvons nous exprimer ainsi, l'œil du procureur général, comme le procureur général est l'œil du Gouvernement.

Le ministère du procureur du Roi ne se borne pas à la recherche et à la poursuite des crimes, il est aussi chargé de les constater lui-même en cas de flagrant délit. C'est dans ce premier instant surtout, que les indices peuvent être utilement saisis. Le procureur du Roi doit appeler à son procès-verbal toutes les personnes présentes, les parens, les voisins, les domestiques, tous ceux enfin qui peuvent donner des renseignemens ou faire des déclarations utiles; il peut défendre que qui que ce soit sorte de la maison, ou s'éloigne du lieu jusqu'après la clôture de son opération. Il peut se transporter dans le domicile des prévenus, afin d'y faire les perquisitions qu'il juge nécessaires. Il peut les faire saisir s'ils sont présens, ou les faire amener devant lui, s'ils sont absens. En général, tous les moyens propres à éclairer la justice sont mis à sa disposition.

Tout ce dont nous venons de parler doit être fait en présence des prévenus, s'ils ont été arrêtés. Il faut que les objets saisis leur soient représentés, qu'ils soient interrogés et interpellés de s'expliquer, et de signer les procès-verbaux; ces objets sont ensuite clos et cachetés du sceau du procureur du Roi. On conçoit facilement qu'il doive se faire assister de gens de l'art, quand leur présence est nécessaire pour apprécier la nature et les circonstances du crime; lorsque, par exemple, il s'agit d'une mort violente, ou d'une mort dont la cause est inconnue ou suspecte. Ces gens de l'art prêtent serment, entre ses mains, de faire leur rapport et de donner leur avis en honneur et en conscience.

Le procureur du Roi appelle aussi à ses procès-verbaux le commissaire de police de la commune dans laquelle le crime a été commis, ou le maire ou l'adjoint, ou deux citoyens domiciliés dans cette commune. Il signe chaque feuillet du procès-verbal, et les fait signer par les personnes qui y ont assisté; si ces personnes ne le veulent, ou ne le peuvent, il en est fait mention; toutefois ces procès-verbaux se font sans assistance de témoins, quand il n'est pas possible de s'en procurer.

La loi donne une égale attribution au procureur du Roi du lieu du délit, à celui de la résidence du prévenu, et à celui du lieu où le prévenu peut être saisi. Il est difficile qu'avec une telle concurrence, un crime ou un délit reste sans poursuite. Il n'est pas besoin de dire qu'en cas d'empêchement, les procureurs du Roi sont remplacés par leurs substituts.

Les juges de paix, les officiers de gendarmerie, les commissaires de police, les maires, les adjoints, sont les officiers de police auxiliaires du procureur du Roi. Ils peuvent faire, dans les cas de flagrant délit, tout ce que le procureur du Roi ferait lui-même, nous l'avons déjà dit; ils reçoivent de ce magistrat, quand il le juge nécessaire, des commissions ou mandemens pour faire à sa place des actes de sa compétence, à la charge de lui rendre compte, et de lui renvoyer toutes les pièces et renseignemens.

Hors les cas de flagrant délit, le procureur du Roi s'abstient de faire personnellement tous actes et procès-verbaux de *constatation ;* il se borne alors à requérir et à poursuivre les infractions qui lui sont dénoncées, et celles dont il a connaissance par toute autre voie.

Dans tous les cas, le procureur du Roi

transmet les pièces au juge d'instruction, et requiert de lui ce qu'il estime convenable.

Le titre seul de juge d'instruction fait assez comprendre les droits et les devoirs de ce magistrat.

C'est l'un des membres du tribunal civil. S'il est absent, malade ou empêché, le tribunal désigne un autre juge pour le remplacer.

Il instruit la procédure, reçoit les plaintes, entend les dépositions, rassemble les preuves et les pièces de conviction; il refait les actes d'instruction qui lui ont été transmis et qui ne lui paraissent pas complets.

En donnant au procureur du Roi le droit de constater les faits et les circonstances, dans le cas de flagrant délit, il s'en faut bien qu'on ait entendu interdire cette faculté au juge d'instruction. Il a droit de faire lui-même tout ce que le procureur du Roi ferait en son absence; remarquez d'ailleurs que le procureur du Roi est toujours obligé de prévenir le juge d'instruction de son transport sur le lieu du crime, et que, si ces deux magistrats s'y trouvent réunis, chacun d'eux alors se renferme dans ses fonctions : l'un requiert, et l'autre statue sur les réquisitions.

L'instruction se fait à la requête de la partie publique ; mais toute personne qui se prétend lésée a aussi le droit de rendre plainte, et de se constituer *partie civile*.

Le plaignant est réputé partie civile, lorsqu'en tout état de cause, il se donne formellement cette qualité, ou lorsqu'il prend des conclusions en dommages-intérêts.

Cependant il peut se désister dans les vingt-quatre heures ; à compter de ce désistement, il n'est plus tenu des frais, mais il reste exposé aux dommages-intérêts du prévenu, s'il y a lieu. Jamais le désistement ne peut être valable après la prononciation du jugement. Celui qui s'est rendu partie civile doit élire domicile, par un acte passé au greffe du tribunal, dans l'arrondissement communal où se fait l'instruction, s'il n'y demeure pas. On n'est point obligé de porter à un autre domicile les actes qui doivent lui être signifiés.

Les règles d'attribution sont les mêmes pour les juges d'instruction, que pour le ministère public. Lorsqu'ils ne sont point compétens, ils doivent renvoyer la plainte devant qui de droit.

Le magistrat ne pourrait instruire une pro-

cédure criminelle, s'il n'était pas armé du
pouvoir de contraindre soit les inculpés,
soit les témoins, à se présenter devant lui,
quand il le juge nécessaire. A cet effet il donne
des *mandats*.

On distingue les mandats de comparution,
les mandats d'amener, les mandats de dépôt,
et les mandats d'arrêt.

Le mandat de comparution est un ordre de
venir devant le juge.

Le mandat d'amener est celui d'après lequel un agent de la force publique se borne
à accompagner le prévenu, et à ne pas le
perdre de vue, jusqu'à ce qu'il soit rendu
devant celui qui l'a mandé.

Si l'inculpé n'obéit pas au mandat de comparution, ce mandat est converti en mandat
d'amener.

Lorsque la personne qui comparaît ou qui
doit être amenée, détruit par ses réponses,
dans l'interrogatoire qu'on lui fait subir, les
charges qui paraissaient s'élever contre elle, le
juge la laisse en liberté. Dans le cas contraire,
le mandat est converti en mandat de dépôt,
ou en mandat d'arrêt, suivant que l'instruction est plus ou moins avancée.

La loi détermine les formes et le mode d'exécution des différens mandats.

Pour ceux de comparution, d'amener, et de
dépôt, il suffit qu'ils soient signés par celui
qui les a décernés, que son sceau y soit ap-
posé, et que le prévenu y soit nommé ou dé-
signé. Il faut de plus, pour le mandat d'arrêt,
qu'il contienne l'énonciation du fait à raison
duquel il a été lancé, et la citation de la loi
qui déclare que ce fait est un crime ou un
délit.

Les garanties que ces dispositions établissent
n'ont pas besoin d'être expliquées.

Les mandats en général sont exécutoires
dans tout le royaume; ils sont notifiés par un
agent de la force publique, qui doit toujours en faire l'exhibition à la personne qui
en est l'objet, et lui en laisser copie.

L'inobservation des formalités prescrites
pour les mandats est punie d'une amende
de 50 fr., au moins, contre le greffier, et,
suivant les circonstances, le juge d'instruction et le procureur du Roi peuvent être pris
à partie.

Si le prévenu ne peut être saisi, on fait des
procès-verbaux de perquisition; les règles de
détail, quant à ce, et celles concernant le

mode d'exécution des mandats, se trouvent
dans les articles 98-112 du C. d'instruct.
crim.

Une plainte, une dénonciation ne constituent
pas seules une présomption suffisante pour
donner même un mandat d'amener contre un
individu qui a domicile; il faut des indices
graves, il faut que le prévenu soit en état de
vagabondage, qu'il s'agisse d'un fait emportant
peine afflictive ou infamante, ou bien encore
qu'il y ait lieu de craindre qu'il ne prenne la
fuite, et que sa fuite ne présente des dangers
dans l'intérêt de la société.

Le juge peut interdire toute communication
avec un prévenu arrêté; mais cette mesure ne
doit être accompagnée d'aucune rigueur; elle
ne doit être employée que lorsqu'elle est indispensable, par exemple, s'il s'agit d'un
crime commis de concert et par complot.
Elle ne doit jamais être inutilement pro-
longée.

Un homme, contre lequel un mandat d'arrêt a été décerné, n'est pas toujours obligé
d'attendre son jugement en état d'arrestation:
la liberté ne doit être ravie qu'à celui auquel
on ne peut en laisser l'usage sans inconvé-
nient. Ainsi, lorsque le fait imputé n'em-

porte ni peine afflictive, ni peine infamante, et lorsque le prévenu n'est ni vagabond ni repris de justice, la liberté provisoire doit lui être accordée, sous la garantie d'un caution- nement, et sous condition qu'au premier ordre, il se représentera pour tous les actes de la procédure, ainsi que pour l'exécution du jugement.

La mise en liberté provisoire peut être de- mandée et accordée en tout état de cause.

Le montant du cautionnement est fixé par le tribunal, eu égard aux réparations civiles, aux frais de poursuite, et aux amendes qui pourront être dues. Il n'est jamais au-dessous de 500 fr. ; il est fourni en immeubles libres, ou en espèces déposées dans la caisse du receveur de l'enregistrement et des domaines. Le prévenu peut se cautionner lui-même.

Le procureur du Roi et la partie civile, s'il y en a une, sont appelés pour discuter la solvabilité de la caution offerte. La soumis- sion de la caution faite au greffe du tribunal, ou par-devant notaires, entraîne contre elle la contrainte par corps, et donne, soit au pro- cureur du Roi, soit à la partie civile, le droit de prendre inscription hypothécaire, avant que le jugement définitif soit rendu. L'inscription prise à la requête de l'un ou de l'autre profite à tous les deux. Le prévenu ne peut être mis en liberté provisoire, qu'après avoir élu domicile dans le lieu où siége le tribunal de première instance, par un acte reçu au greffe. S'il ne se représente point, s'il laisse contraindre sa caution, il est arrêté de nouveau, et ne peut plus être admis à demander sa liberté provisoire. Art. 113 — 126 C. d'instruction criminelle.

Revenons au juge d'instruction : hors les cas de flagrant délit, et mettant à part les mandats d'amener et de dépôt, qu'il est quelquefois urgent de décerner, le juge d'instruction ne peut faire aucun acte, sans une communication préalable au procureur du Roi. Celui-ci, de son côté, doit se livrer le plus promptement possible à l'examen de la procédure, pour faire les réquisitions convenables; il ne peut la retenir plus de trois jours.

Les plaintes ou dénonciations qui sont adressées aux officiers de police judiciaire, sont transmises au procureur du Roi, qui les transmet à son tour, comme celles qu'il reçoit directement, au juge d'instruction, en les accompagnant de son réquisitoire.

Le juge d'instruction est chargé de réunir,

avec le soin le plus scrupuleux, tout ce qui
peut tendre à la découverte du coupable, et
tout ce qui peut servir à établir l'innocence
du prévenu. C'est un devoir indispensable
pour lui de se transporter partout où pourraient
être cachées des pièces propres à manifester
la vérité. Il fait appeler pour déposer ,
les personnes qui lui sont indiquées , et
celles qu'il présume avoir eu connaissance du
crime ou du délit. Il fait amener les témoins
qui ne comparaissent point; il prononce
des amendes contre eux, suivant les circonstances ; il va recevoir, dans leur demeure, le
témoignage de ceux qui sont hors d'état de se
rendre, et commet, en cas d'éloignement,
soit un juge de paix, soit un autre juge d'instruction, pour entendre les témoins.

Les témoins, avant de déposer, prêtent serment de dire la vérité, rien que la vérité : ils
sont entendus hors de la présence du prévenu.

Le témoin qui refuse de déposer doit être
puni comme celui qui ne comparaîtrait pas
sur la citation qui lui a été donnée.

Les enquêtes en matière criminelle prennent le nom d'*informations*; les formalités
sont à peu près les mêmes qu'au civil. C. d'instruct. crim., art. 71—87.

Lorsque le juge d'instruction se transporte
sur les lieux, il doit toujours être accom-
pagné du procureur du Roi et du greffier;
mais, quand il y a flagrant délit, il peut,
après avoir requis le procureur du Roi, opé-
rer sans être obligé de l'attendre.

Les juges d'intruction, comme tous les officiers de police judiciaire, sont sous la surveillance du procureur général; ce qu'il faut
entendre dans ce sens, que le procureur général a bien le droit de leur donner des
avertissemens et des ordres pour provoquer
l'action de leur ministère, et pour prévenir
des irrégularités dans la procédure, mais non
pour diriger l'instruction dans tel ou tel sens.
Il importe que les fonctions du juge qui instruit, restent distinctes, séparées, et indépendantes de la partie publique qui poursuit.

Le juge d'instruction est tenu de rendre
compte au tribunal, une fois par semaine au
moins, des affaires qu'il instruit. Ce compte
est rendu à la chambre du conseil, et après
communication au procureur du Roi qui
requiert ce qu'il estime convenable.

Quand l'instruction est complète, c'est-à-
dire, lorsque le juge a constaté tout ce qui était
à constater, lorsqu'il a entendu les témoins,

réuni toutes les preuves, et mis le prévenu sous la main de la justice, vient le moment de décider à quelle autorité l'affaire doit être renvoyée.

Il peut arriver que le fait bien vérifié ne présente ni crime, ni délit, ni contravention; et, si telle est l'opinion des juges qui ont entendu le rapport à la chambre du conseil, le tribunal déclare qu'il n'y a pas lieu à poursuivre. L'inculpé, s'il est détenu, est mis en liberté.

La chambre est-elle d'avis que le fait ne présente qu'une simple contravention? le prévenu est renvoyé au tribunal de police, et la liberté lui est également rendue, dans le cas où il aurait été arrêté.

Le fait imputé est-il de nature a être puni par des peines correctionnelles? l'affaire est renvoyée au tribunal de police correctionnelle, et, si le délit peut entraîner la peine d'emprisonnement, le prévenu qui serait déjà arrêté demeure provisoirement en prison, sauf le droit de demander sa liberté sous caution. Dans le cas contraire, c'est-à-dire, si le délit ne doit pas être puni par l'emprisonnement, le prévenu est mis en liberté, à la charge de se représenter à jour fixe. Enfin, lorsque les préventions portent sur

des faits plus graves, et présentent l'aspect du crime, l'inculpé doit subir une seconde épreuve devant la Cour royale, avant d'être traduit aux assises, comme on le verra plus loin.

Dans tous ces cas de renvoi, dont nous venons de parler, le procureur du Roi est tenu d'adresser, sans retard, les pièces de l'affaire cotées et paraphées, au greffe du tribunal qui devra la juger.

Mais avant d'aborder la procédure qui doit avoir lieu dans ces différens cas, il importe de remarquer que, si un seul des juges de la chambre du conseil, après le rapport de l'affaire, ne partage pas l'opinion des autres, et pense que le fait est de nature à être puni de peines afflictives et infamantes; s'il estime en même temps que la prévention contre l'accusé est suffisamment établie, cette opposition motivée d'un seul juge suffit pour empêcher la mise en liberté, et nécessite l'envoi au procureur général de toutes les pièces de l'affaire, pour qu'elles soient soumises à l'examen de la chambre *des mises en accusation* de la Cour royale.

Il y a plus : le procureur du Roi, contre l'opinion unanime des juges, a le droit de s'opposer à l'ordonnance qui met l'inculpé en liberté. La partie civile peut former une pareille opposition, mais à ses risques et périls, c'est-à-dire, qu'elle s'expose à des dommages-intérêts envers le prévenu, si son opposition se trouve mal fondée.

L'opposition du procureur du Roi doit être formée dans les vingt-quatre heures, à compter du jour de l'ordonnance de mise en liberté. Le même délai est prescrit pour la partie civile, mais il ne court qu'à compter de la signification qui lui est faite de cette ordonnance, au domicile qu'elle a dû élire dans le lieu où siège le tribunal. C. d'inst. crim., art. 68. Jusqu'à l'expiration de ces délais, le prévenu garde prison.

Lorsqu'il y a lieu à l'envoi des pièces d'une affaire au procureur général, la chambre du conseil décerne contre le prévenu une ordon-nance de prise de corps, laquelle contient son nom, son signalement, son domicile, s'il est connu, l'exposé du fait et la nature du délit.

Nous allons nous occuper de ce qui doit être fait :

1° Quand il ne s'agit que d'une simple contravention de police, soit que l'affaire ait été renvoyée au tribunal de police, soit que ce tribunal en ait été directement saisi par une plainte ou citation;

2° Quand l'affaire a été reconnue de la compétence du tribunal correctionnel, qui peut également être saisi par l'action directe du plaignant;

3° Lorsque l'affaire a été renvoyée à l'examen de la chambre des mises en accusation de la Cour royale.

Des Tribunaux de simple police.

Les tribunaux de simple police jugent les contraventions. Ce sont les faits que la loi punit, soit d'une amende de quinze fr. et au-dessous, soit d'un emprisonnement de cinq jours et au-dessous.

Telle est la mesure de la compétence des tribunaux de simple police. Remarquez que si le *maximum* de l'amende était de 16 fr. ou au-dessus, et celui de l'emprisonnement de six jours ou au-dessus, le tribunal de simple police serait toujours incompétent, quand bien même le *minimum* de ces peines n'excéderait pas celles de simple police, parce que c'est la nature même du fait, et le *maximum* de la peine déterminée par la loi, qui servent de base pour déterminer la compétence.

La juridiction des tribunaux de simple po

lice est confiée concurremment aux juges de paix et aux maires.

Mais cette juridiction ne peut être exercée par les maires, que dans les communes non chefs-lieux de canton, sur des personnes prises en flagrant délit, ou qui résident dans la commune, ou qui y sont présentes. Il faut aussi, pour que le maire ait le droit de juger, que les témoins soient résidans ou présens dans la commune, et que les dommages réclamés par la partie plaignante soient déterminés par elle à une somme qui n'excède pas quinze fr.

La juridiction des maires a été ainsi circonscrite, parce que, dans les cas dont nous venons de parler, le fait se passe sous leurs yeux, parce que les délinquans et les témoins sont là, et parce qu'il serait inutile de forcer les plaignans à recourir au juge de paix, qui peut être éloigné.

Ces motifs ne subsistent plus dans les communes chefs-lieux de canton, où l'on peut trouver le juge de paix aussi facilement que le maire; et même, dans les cas restreints dont la connaissance a été attribuée aux maires, les parties sont toujours libres de porter l'affaire devant le juge de paix, quand elles le jugent convenable.

Les juges de paix connaissent donc exclusivement :

1° Des contraventions commises dans l'étendue de la commune chef-lieu de canton ;

2° Des contraventions commises dans les autres communes de leur arrondissement, lorsque, hors le cas où les coupables ont été pris en flagrant délit, ces contraventions sont imputées a des personnes non domiciliées ou non présentes dans la commune, ou lorsque les témoins qui devront déposer n'y sont pas résidans ou présens ;

3° Des contraventions à raison desquelles le plaignant conclut à des dommages-intérêts indéterminés, ou déterminés à une somme excédant 15 francs. Il est inutile d'observer ici qu'il ne faut pas confondre les dommages-intérêts avec l'amende, dont le taux règle toujours la compétence du tribunal de simple police, comme nous l'avons dit ci-dessus.

Les juges de paix connaissent encore exclusivement des contraventions forestières poursuivies à la requête des particuliers, des injures verbales, des affiches, annonces, vente,

distributions ou débits d'ouvrages, d'écrits ou
de gravures contraires aux mœurs (V. les art.
284 et 288 du Code pénal), des actions contre
les gens qui font métier de deviner, de pro-
nostiquer ou d'expliquer les songes. Mais
notez bien que ces attributions s'évanouis-
sent, lorsqu'il y a lieu d'appliquer aux cas
qu'elles comprennent, des peines plus fortes
que celles de simple police, c'est-à-dire, un
emprisonnement dont la durée excède cinq
jours, ou une amende au-dessus de 15 fr.
Ainsi, par exemple, les injures et les diffama-
tions qui prennent le double caractère de la
gravité et de la publicité, cessent d'être des
contraventions, et deviennent des délits punis-
sables correctionnellement. Voyez les lois du
17 mai 1819 et du 25 mars 1822.

Les juges de paix connaissent encore, dans
les limites de leur compétence, des infractions
aux arrêtés de l'administration municipale, sur
les objets confiés à son autorité et à sa vigi-
lance par la loi du 24 août 1790.

Toutefois l'infraction à ces arrêtés ne peut
être punie par les tribunaux, qu'autant qu'ils
sont fondés sur la loi, et pris dans le cercle des
attributions de l'autorité municipale. Le droit
d'établir des peines n'appartient qu'au législa-

teur, et si un arrêté prescrivait une peine là
où la loi n'en a pas ordonné, aucune peine ne
devrait être prononcée. De même, si un
arrêté portait une peine différente de celle de
la loi, la loi seule devrait être suivie.

Le tribunal de simple police est saisi, par
des citations données, soit à la requête du mi-
nistère-public, soit à celle de la partie lésée.
Les citations sont notifiées par un huissier,
et délaissées au prévenu, ou à la personne
civilement responsable. Les parties peuvent
même comparaître volontairement et sur
un simple avis, sans qu'il soit besoin de
citation.

Le délai donné pour comparaître ne peut
être moindre que 24 heures, outre un jour par
3 myriamètres, à peine de nullité; mais cette
nullité est couverte si elle n'est proposée à la
première audience, avant toutes autres exceptions et défenses. En cas d'urgence, ce délai,
déjà très-court, peut être encore abrégé
par une permission du juge de paix, que
l'on signifie en tête de la citation. Le ministère
public est toujours partie dans ces sortes
d'affaires, parce que l'ordre public y est toujours intéressé; il est exercé par le commissaire de police du lieu, et, s'il n'y en

·a pas, par le maire, qui se fait au besoin remplacer par son adjoint.

Le juge de paix peut, avant le jour de l'audience, et sur la réquisition de la partie publique ou de la partie civile, estimer ou faire
estimer le dommage, après l'avoir fait constater, et procéder à tous les actes de vérification
qui, de leur nature, requièrent célérité.

L'instruction se fait publiquement à l'audience, et dans l'ordre qui suit :

Les procès-verbaux, s'il y en a, sont lus
par le greffier ; les témoins du ministère public ou de la partie civile sont entendus ; la
partie civile prend ses conclusions ; la personne
citée propose sa défense, soit par elle-même,
soit par un fondé de procuration ; elle fait
entendre à son tour ses témoins ; le ministère
public donne ses conclusions ; la partie citée
a le droit d'y répondre par des observations,
et le tribunal prononce le jugement de suite,
ou à l'audience suivante.

On ne permet pas la preuve par témoins
contre le contenu aux procès-verbaux ou rapports des officiers de police, qui ont reçu de
la loi le privilége de faire foi jusqu'à inscription de faux ; mais tous les autres agens
n'ont pas droit au même degré de confiance ;

leurs actes peuvent donc être débattus par des preuves contraires.

Ceux dont les procès-verbaux ou rapports font foi jusqu'à inscription de faux, sont les gardes forestiers (loi du 9 floréal an II), les préposés des octrois (ordonnance du 9 décembre 1814, art. 75), ceux des droits réunis (décret du premier germinal an VIII, art. 26). Mais lorsque les rédacteurs prétendent avoir éprouvé des injures, violences et voies de fait, ils ne font pas foi entière sur ce point, parce qu'alors ils deviennent parties, à moins qu'ils ne renoncent à toute réparation personnelle, et qu'il ne soit fait usage du procès-verbal que pour constater le délit principal.

Les ascendans ou descendans du prévenu, son conjoint, ses frères et sœurs, ou alliés en pareil degré, ne doivent point être appelés ni reçus en témoignage. Toutefois leur audition n'entraînerait pas nullité, si le ministère public, la partie civile ou le prévenu lui-même ne s'y étaient pas opposés.

Nous ne parlons pas des dispositions relatives au serment des témoins, aux interpellations qui leur sont faites, et aux peines qu'ils encourent lorsqu'ils ne comparaissent pas. C'est ici le droit commun. Le greffier tient note de leur prestation de serment, des déclarations touchant leurs noms, prénoms, âge, profession et demeure, et de leurs dépositions.

Si la personne citée ne comparaît pas, elle est jugée par défaut.

Les jugemens par défaut du tribunal de simple police peuvent être attaqués par la voie de l'opposition. Cette opposition se fait, soit par une déclaration de la partie condamnée, au bas de la signification du jugement, soit par un acte notifié dans les trois jours de cette signification, outre le jour par trois myriamètres, à la partie qui a obtenu le jugement.

L'opposition emporte *de droit* citation à la plus prochaine audience, après l'expiration de vingt-quatre heures, délai ordinaire des citations, en y ajoutant encore, s'il y a lieu, le jour par trois myriamètres. Elle est réputée non avenue, si l'opposant ne comparaît pas.

Arrêtons-nous un peu sur les résultats divers que le jugement peut offrir.

Si le fait ne présente ni délit ni contravention de police, le juge annule la citation ainsi que tout ce qui l'a suivi, et il statue, par la même sentence, sur les dommages-intérêts de la personne citée, lorsqu'elle y a conclu.

Si le fait présente un délit qui emporte une peine correctionnelle, ou qui doive être puni d'une peine plus grave, le juge renvoie les parties devant le procureur du Roi.

Enfin, si le prévenu est convaincu d'une contravention de police, le juge prononce la peine indiquée par la loi, dont le texte est inséré dans le jugement. Il statue en même temps sur les conclusions en restitution et sur les dommages-intérêts du demandeur. Toute partie qui succombe doit être condamnée aux frais, même envers la partie publique. Ils sont liquidés par le jugement.

Le jugement doit être motivé. La minute est signée dans les vingt-quatre heures, au plus tard, par le juge qui a tenu l'audience, à peine de 25 fr. d'amende, et même de prise à partie, s'il y a lieu.

Le ministère public poursuit l'exécution en ce qui concerne les peines prononcées, et la partie civile la poursuit en ce qui concerne les intérêts civils.

L'instruction dont nous venons de tracer la marche est commune à la juridiction des maires considérés comme juges de police; le ministère public est exercé près d'eux par l'adjoint, et en cas d'empêchement, par un membre du conseil municipal que désigne le procureur du Roi, pour une année entière. Les fonctions de greffier sont remplies par un citoyen que le maire a préposé, et qui a prêté serment en cette qualité.

Les jugemens de simple police peuvent être attaqués par la voie de l'appel, lorsqu'ils ne sont pas rendus en dernier ressort. Ici se présente un droit particulier, et tout-à-fait en dehors des principes ordinaires sur les appels.

1° On ne prend point comme base du premier ou du dernier ressort, le montant des demandes et conclusions; c'est à la condamnation qu'il faut se référer pour cela. Ainsi le jugement est en dernier ressort, toutes les fois qu'il ne prononce point un emprisonnement, et lorsque la condamnation pour amende, restitution, ou réparation civile, n'excède pas 5 fr., sans compter les dépens, quel que soit le taux de la demande et l'objet des conclusions;

2° Il n'y aurait même pas lieu à l'appel dans ce cas, sous prétexte d'incompétence; il ne resterait d'autre moyen de recours que celui de la cassation;

3° La partie civile et le ministère public lui-même n'ont pas le droit d'appeler des jugemens de police, si le prévenu a été acquitté, ou si le juge a prononcé une condamnation inférieure à celle qui avait été requise. L'appel, dans le cas déterminé par la loi, n'appartient qu'à la partie condamnée. Cette interprétation de l'art. 172 du C. d'instruct. crim, ne fut pas adoptée d'abord par tous les auteurs, mais elle a été définitivement fixée par la Cour suprême. Nous le répétons, c'est une dérogation au droit commun.

La loi ne parle point de la forme dans laquelle l'appel doit être interjeté. Si l'on suit le principe général, il faudrait l'interjeter comme en matière civile. Si l'on veut suivre des analogies qui paraissent fort naturelles, il faudrait en faire un acte de déclaration au greffe, comme cela se pratique pour les appels des jugemens de police correctionnelle. (Art. 203 C. d'inst. crim.)

L'une ou l'autre forme peut être adoptée sans danger. Cependant il y a une différence remarquable entre les matières de simple police et les matières correctionnelles; par exemple, le délai de l'appel, pour un jugement rendu en police correctionnelle, ne court pas seulement du jour de la signification, mais bien du jour de la prononciation, comme on le verra plus loin. Cette considération nous déterminerait à pré-

férer, pour les appels des jugemens de simple
police, la forme ordinaire de la signification,
comme en matière civile ; ce qui semble encore fortifier cette opinion, c'est que la loi dit
que les appels des jugemens de simple police
seront suivis et jugés dans la même forme que
les appels des sentences de justice de paix.

L'appel est suspensif, c'est-à-dire que le
jugement ne peut être exécuté ni avant l'expiration du délai pour interjeter appel, lequel
est de dix jours à compter de la signification
du jugement à personne ou domicile, ni pendant l'instance d'appel, lorsqu'appel a été
interjeté.

Les appels des jugemens rendus par le tribunal de simple police se portent au tribunal
correctionnel. Les témoins peuvent être entendus de nouveau, il peut même en être
entendu d'autres, lorsque le ministère public
ou l'une des parties le requièrent. Tout ce
qui a été dit sur la solennité de l'instruction,
sur la nature des preuves, sur la forme,
l'authenticité et la signature du jugement
définitif, et sur la condamnation aux frais,
s'applique à l'intruction et au jugement de
l'appel.

Les jugemens rendus en dernier ressort

par le tribunal de police, et ceux rendus sur l'appel par le tribunal de police correctionnelle, peuvent être attaqués par la voie de cassation. Ce recours fait l'objet du chapitre 2, titre 3, livre 2, C. d'instruct. crim.

Au commencement de chaque trimestre, les juges de paix et les maires sont tenus de transmettre au procureur du Roi l'extrait des jugemens de police qu'ils ont rendus dans le trimestre précédent, et par lesquels la peine d'emprisonnement a été prononcée. Le procureur du Roi en rend compte à son tour au procureur général.

Des Tribunaux de police correctionnelle.

Le tribunal de police correctionnelle se compose des membres du tribunal civil. Il juge les délits. Pour connaître si un fait est un délit ou un crime, il faut voir si la peine prononcée pour ce fait est purement correctionnelle, ou si elle est afflictive et infamante, ou seulement infamante. Le Code pénal a déterminé, art. 6, 7 et 8, quelles sont les peines afflictives et infamantes.

Les peines en matière correctionnelle sont : 1° l'emprisonnement à temps dans un lieu de correction; 2° l'interdiction à temps de certains droits civiques, civils, ou de famille.

Le renvoi sous la surveillance spéciale de la haute police, l'amende, la confiscation spéciale soit du corps du délit, quand la propriété en appartient au condamné, soit des choses produites par le délit, soit de celles qui ont servi ou qui ont été destinées à le commettre, sont des peines communes aux matières criminelles et correctionnelles.

Les articles 75-463 du C. pénal présentent la nomenclature des crimes et des délits, et des peines qui y sont attachées. Cette nomenclature serait trop longue pour être placée ici. Observez que la peine de la confiscation des biens qui se trouve dans le Code pénal, a été abolie par l'article 66 de la Charte, et qu'il y est dit qu'elle ne peut être rétablie. Il faut encore remarquer que la loi du 25 juin 1824, art. 1er, a accordé aux tribunaux correctionnels la connaissance des *crimes* commis par des individus âgés de moins de 16 ans, lorsque ces individus n'ont pas de complices au-dessus de cet âge, et lorsque les crimes dont ils sont prévenus ne sont pas de ceux que la loi punit de mort, des travaux forcés à perpétuité, ou de la déportation.

La juridiction des tribunaux correctionnels commence là où finit celle des tribunaux de police, c'est-à-dire qu'ils connaissent de toutes les infractions dont la peine excède 5 jours d'emprisonnement et 15 fr. d'amende.

Ne perdons pas de vue que, pour régler la compétence, il faut avoir égard au *maximum* de la peine qui peut être infligée : les juges ne peuvent se créer une compétence en restreignant les peines au taux compris dans leurs attributions. Une conséquence de ce principe est que, lorsque l'amende ou l'emprisonnement sont indéterminés, comme on le voit dans quelques articles du Code rural de 1791, c'est la police correctionnelle qui est compétente, et non la simple police.

Il y a des faits dont certaines lois spéciales ont attribué la connaissance aux tribunaux correctionnels, pourvu qu'ils ne soient pas accompagnés de circonstances aggravantes qui en feraient de véritables crimes, et qui provoqueraient l'application d'une peine afflictive ou infamante. Telles sont les infractions en matière d'exportation de grains, de loterie, de contributions indirectes, de garantie des matières d'or et d'argent, de pêche, de chasse, de port d'armes, de violation des lois sur les propriétés littéraires, sur la librairie, sur la presse, sur l'exercice de la médecine, de la chirurgie, la pharmacie, sur les poudres et salpêtres, sur le service des postes, sur la police du roulage.

Ce que nous avons dit, en parlant des tribunaux de police, relativement au cas où les règlemens administratifs sont ou ne sont pas obligatoires pour les juges, s'applique tout naturellement aux tribunaux correctionnels.

Le tribunal correctionnel est saisi, soit par un renvoi prononcé sur le rapport du juge d'instruction à la chambre du conseil, soit en conséquence d'un renvoi du tribunal de simple police, soit par la citation donnée directement au prévenu ou aux personnes civilement responsables, à la requête de la partie civile. Le tribunal de police correctionnelle peut encore être saisi, comme nous le verrons plus loin, par un renvoi de la chambre des mises en accusation de la Cour royale.

A l'égard des délits forestiers, le tribunal correctionnel est saisi par le conservateur, l'inspecteur ou sous-inspecteur forestier, ou par les gardes généraux.

Dans tous les cas où il y a prévention de

délit, comme l'ordre public et la société sont intéressés à la répression, le procureur du Roi peut faire directement citer le prévenu devant le tribunal de police correctionnelle. Il faut pourtant excepter certains délits, dont le ministère public n'est pas admis à poursuivre d'office la répression, tant qu'il n'est pas provoqué par la plainte ou par la dénonciation de la partie offensée : tel est notamment le délit d'adultère.

Il est à remarquer que, lorsque le tribunal est saisi, le désistement de la partie poursuivante ne doit pas l'empêcher d'appliquer la peine, si le délit est constant. Il y a plus : le tribunal peut prononcer la peine, lors même que le ministère public ne la requerrait pas, ou conclurait à l'absolution.

La citation énonce les faits, et tient lieu de plainte. Le délai pour comparaître doit être de trois jours, outre le jour par 5 myriamètres, à peine de nullité. Mais cette nullité ne peut être invoquée que par celui qui, n'ayant pas comparu, a été condamné par défaut, et vient ensuite plaider par opposition. Les principes de la procédure civile, qui permettent au défendeur qui a reçu une assignation nulle, d'en demander la nullité, quoiqu'il compa-

raîsse sur cette assignation, ne sont pas appli-
cables en matière correctionnelle. Ici la
comparution du prévenu couvre les nullités
de la citation. Autre différence à observer :
en matière de police simple, la nullité résul-
tant de ce que la citation a été donnée à trop
bref délai, anéantit à la fois la citation, et le
jugement par défaut qui l'a suivie, tandis qu'en
matière correctionnelle, la nullité porte seulement sur le jugement par défaut; la citation
reste toujours comme un acte de poursuite qui
a l'effet d'interrompre la prescription du délit.

La citation doit contenir une élection de
domicile faite par la partie civile dans la ville
où siége le tribunal.

Lorsque le délit imputé à un prévenu n'emporte pas la peine d'emprisonnement, il peut
se faire représenter par un avoué, ce qui
n'empêche pas que, dans ce cas-là même, le
tribunal ne puisse ordonner sa comparution
personnelle.

Le jugement rendu par défaut peut être
attaqué par la voie de l'opposition, dans les
cinq jours de la signification qui a été faite de
ce jugement à la personne ou au domicile du
prévenu, outre le jour par 5 myriamètres de
distance.

L'opposition doit être notifiée tant au ministère public qu'à la partie civile ; elle emporte *de droit* citation à la première audience qui se tient après cette notification. Si l'opposant ne comparaît pas, son opposition est comme non avenue, et le jugement ne peut plus être attaqué que par la voie de l'appel, dans les formes et dans les délais dont nous parlerons bientôt.

On se rappelle d'avoir vu parmi les règles relatives aux tribunaux de simple police la même disposition, qui déclare l'opposition non avenue, lorsque, à la première audience qui suit sa notification, l'opposant n'a pas comparu.

Mais quelle est cette première audience ? C'est celle à laquelle la partie qui a obtenu le jugement par défaut se présente pour défendre à l'opposition, si l'opposant comparaît pour la soutenir, ou pour la faire déclarer non avenue, s'il ne comparaît pas. Ainsi la déchéance de l'opposition, faute de se présenter à la première audience, n'a pas lieu *de plein droit ;* la loi suppose qu'elle est demandée et prononcée : jusque-là l'opposition subsiste, elle conserve les droits de l'opposant, et il devra toujours être admis à les faire valoir, lorsque l'autre partie se présentera pour les contester. Par exemple : un opposant n'a point comparu à l'audience qui a suivi son opposition, mais son adversaire n'y a pas comparu non plus ; ce dernier ne se présente qu'à une audience postérieure, et l'opposant s'y présente aussi . faut-il déclarer l'opposition non avenue? Nous ne le croyons pas, car les parties n'ont pas été plus diligentes l'une que l'autre, et dans le silence de l'une et de l'autre, l'opposition a dû toujours subsister.

Les frais de l'expédition, de la signification du jugement par défaut et de l'opposition, demeurent à la charge du prévenu, quand bien même, sur l'opposition, il serait déclaré non coupable.

La preuve des délits correctionnels se fait, comme celle des contraventions de police, par procès-verbaux ou par témoins. L'instruction se fait aussi de même. Voyez l'art. 190 du C. d'instruct. crim.

Si le fait n'est réputé ni délit ni contravention, le tribunal annulle la citation, l'instruction et tout ce qui a suivi ; il décharge le prévenu, et statue sur sa demande en dommages-intérêts.

Si le fait n'est qu'une contravention, et si aucune des parties ne demande le renvoi de l'affaire devant le tribunal de simple police, le tribunal correctionnel applique la peine de police, et alors, comme on le sent bien, le jugement est en dernier ressort.

Enfin, si le fait est de nature à mériter une peine afflictive ou infamante, le tribunal peut décerner de suite contre le prévenu un mandat de dépôt, ou un mandat d'arrêt, et il le renvoie devant le juge d'instruction compétent.

Les jugemens rendus en police correctionnelle peuvent toujours être attaqués par la voie de l'appel, sauf l'exception dont nous venons de parler, c'est-à-dire lorsqu'il a été vérifié qu'il ne s'agissait que d'une contravention, et lorsqu'une peine de simple police seulement a été prononcée.

Là faculté d'appeler appartient aux personnes condamnées, soit comme *prévenues*, soit comme civilement responsables; à la partie civile, quant à ses intérêts civils seulement, car elle ne peut s'immiscer dans ce qui a trait à l'application de la peine; à l'administration forestière, et au ministère public.

Le délai pour appeler est de dix jours, après celui où le jugement a été prononcé, s'il a été contradictoire. Si le jugement est par défaut,

le délai ne court qu'à partir du jour de la signification faite à la partie condamnée ou à
son domicile, outre l'augmentation à raison
des myriamètres.

La forme de l'appel consiste dans une déclaration faite au greffe du tribunal qui a
rendu le jugement, ou dans le dépôt, à ce
greffe, d'une requête contenant les moyens
d'appel, en observant toujours le délai prescrit. Art. 203 et 204 du Code d'inst. crim.

L'appel est suspensif.

Le ministère public jouit d'un délai plus
long : il a deux mois pour interjeter son appel
et pour le notifier, soit au prévenu, soit à la
personne civilement responsable, à compter du
jour de la prononciation du jugement ; il n'a
qu'un mois, si le jugement lui a été légale-
ment signifié par l'une des parties, et alors le
mois court du jour de cette signification.

Cependant la mise en liberté du prévenu
acquitté ne peut être suspendue, lorsqu'aucun appel n'a été déclaré ni notifié dans les
dix jours de la prononciation d'un jugement
contradictoire.

L'acquiescement du ministère public à un
jugement pendant le délai de l'appel, ne le
prive pas de la faculté d'appeler.

Le ministère public peut même interjeter appel d'un jugement rendu conformément à ses conclusions.

Peut-on interjeter appel incident en matière correctionnelle, comme en matière civile; c'est-à-dire, l'intimé peut-il, après un appel principal, faire à son tour une déclaration d'appel, lorsque les délais sont expirés? La négative a été jugée sous l'empire du Code de brumaire an 4, et nous pensons que la même décision doit être rendue sous le Code d'inst. crim., car on y retrouve les mêmes dispositions. Il y est dit qu'une déclaration d'appel faite hors des délais et sans les formes voulues, ne peut produire aucun effet. On ne peut donc pas suppléer, en matière criminelle, les dispositions de l'art. 443 du Code de procédure civile.

Cependant, si celui qui a été frappé d'une peine, en police correctionnelle, se résigne à la subir plutôt que d'interjeter appel, et si, d'un autre côté, le ministère public, usant de son privilége, vient à appeler dans les deux mois, et par conséquent long-temps après que le délai d'appel est expiré pour le condamné, celui-ci ne pourra-t-il plus présenter devant le tribunal d'appel les moyens

tendant à prouver qu'il n'est pas coupable, et
se faire acquitter? Les magistrats saisis de
l'appel du ministère public seront-ils obligés,
en reconnaissant l'innocence du prévenu, de le
laisser sous le poids de la peine que les premiers
juges ont prononcée contre lui? Non; la loi qui
autorise un nouvel examen et un nouveau
débat, ne peut pas imposer silence à la conviction des magistrats, et les forcer de s'en
tenir à une erreur.

L'appel du ministère public, qui agit au
nom de la société, remet tout en question ;
cet appel doit profiter au prévenu, s'il a été
injustement condamné, comme à la vindicte
publique, si elle n'a point été satisfaite.

Ainsi l'appel incident n'est pas reçu en matière correctionnelle ; 1° parce que la loi ne
l'autorise point; 2° parce qu'il serait parfaite-
ment inutile (1).

_____

(1) C'est ce qu'a décidé la Cour de cassation, le
4 mars 1825. M. Merlin critique cette décision,
dans son 7° vol. des Questions de Droit, page 200.
Il n'admet notre principe que lorsque l'appel du ministère public est *indéfini*, et non quand il est seulement interjeté *à minimâ*, ou quand il ne porte
que sur un chef particulier du jugement.

L'appel incident du ministère public ne serait pas reçu, s'il était déclaré après les délais que la loi lui donne; et il y a pour cela un motif frappant, c'est que les délais sont beaucoup plus longs, en sa faveur, que ceux accordés au condamné.

Nous avons déjà dit que l'instruction en police correctionnelle se faisait comme en matière de simple police; mais il faut remarquer qu'en appel, l'instruction est précédée d'un rapport fait à l'audience par l'un des juges, et que le prévenu, soit qu'il ait été acquitté, soit qu'il ait été condamné en première instance, doit parler le premier; il a aussi le privilége de parler le dernier, s'il le réclame.

On peut, sur l'appel, faire entendre les témoins qui ont déposé en première instance, et même en faire citer de nouveaux.

Il y a lieu à l'opposition, comme en première instance, si le jugement qui intervient est par défaut; l'opposition se fait dans les mêmes formes, dans les mêmes délais, et produit les mêmes effets. Si le jugement est réformé, parce que le fait n'est ni délit, ni contravention, le prévenu est acquitté, et il est statué sur ses dommages-intérêts.

Si le fait ne présente qu'une contravention

de police, et s'il n'y a pas de renvoi demandé,
le tribunal d'appel fait ce que les premiers
juges auraient dû faire : il applique la peine
de police, et statue sur les dommages-intérêts.

Si le fait est de nature à mériter une peine
afflictive ou infamante, le jugement est annulé; on décerne un mandat de dépôt ou un
mandat d'arrêt, et le prévenu est renvoyé
devant le fonctionnaire public compétent,
autre néanmoins que celui qui aura fait l'instruction, ou participé au jugement de première instance.

Enfin, si le jugement est annulé pour violation ou omission des formes prescrites à
peine de nullité, le tribunal d'appel évoque
le fond et prononce.

Le législateur a voulu que l'autorité chargée
de statuer sur les appels de police correctionnelle, ne fût pas trop éloignée du tribunal
qui a jugé en première instance. Ainsi les
appels de ces jugemens sont portés, des tribunaux d'arrondissement, au tribunal du lieu où
se tiennent habituellement les Cours d'assises
dans le département. Les juges y siégent au nombre de cinq (loi du 20 avril 1810, art. 40). Les
appels des jugemens rendus au chef-lieu du

4

département, sont portés au tribunal du chef-lieu du département voisin, dans le ressort de la même Cour royale. Cette attribution est organisée par des tableaux, de manière à ce que les tribunaux ne puissent, dans aucun cas, être respectivement juges d'appel de leurs jugemens.

Les appels des jugemens rendus par les tribunaux du département où siége la Cour royale, sont portés à cette Cour, et lorsque le chef-lieu d'un département voisin n'est pas plus éloigné de la Cour que du chef-lieu d'un autre département, c'est à la Cour que doivent être de préférence portés les appels.

Ces dispositions ont pour but d'empêcher que le transport des témoins dont l'audition est souvent nécessaire en appel, ne soit pas un obstacle à l'administration de cette partie de la justice, soit par l'énormité des frais, soit par toute autre difficulté.

Des Cours royales.

Jusqu'en 1810, la justice civile et la justice criminelle avaient eu des magistrats séparés.

Les cours de justice criminelle n'étaient composées que d'un président, de deux conseillers-assesseurs et d'un procureur général. Un seul département formait leur ressort, et leurs attributions étaient en moindre estime que celles des autres Cours, parce que la science du droit civil suppose des connaissances beaucoup plus étendues que l'application de la loi criminelle.

Cet isolement et ces bornes étroites frappèrent les regards du Conseil d'État, lors des premières discussions du Code d'instruction criminelle, et après de longs débats, il fut décidé que la justice civile et la justice criminelle seraient réunies.

Il fallut donc établir une nouvelle organisation sur ce plan : c'est celle de 1810. Nous devons dire, pour en parler au présent, c'est celle des Cours royales.

Les Cours royales composées de vingt-quatre conseillers au moins forment trois chambres, dont une connaît des affaires civiles, l'autre prononce sur les appels en matière correctionnelle, comme on l'a vu ci-dessus, et la troisième sur les mises en accusation.

Les Cours qui comptent trente conseillers ont deux chambres civiles; celles de quarante conseillers et au-dessus en ont trois.

Les chambres civiles ne peuvent rendre

arrêt qu'au nombre de sept juges au moins.
Cinq juges suffisent dans la chambre des appels de police correctionnelle, et dans celle des mises en accusation.

Toutes les fonctions du ministère public dans les Cours royales, sont spécialement et personnellement confiées au procureur général. Il a sous sa direction autant d'avocats généraux qu'il y a de chambres civiles, et un avocat général pour la chambre des appels de police correctionnelle. Il y a aussi des substituts et des conseillers-auditeurs attachés au service du parquet.

Nous avons déjà eu occasion de le dire : l'action publique appartient au ministère public. Mais une Cour royale peut, toutes les chambres assemblées, entendre la dénonciation qui lui est faite par un de ses membres, relativement à un crime ou à un délit; elle peut mander le procureur général pour lui enjoindre de poursuivre, à raison de ces faits, ou pour se faire rendre compte des poursuites qui seraient commencées.

La chambre des mises en accusation, dans les Cours, remplace ce que l'on appelait le *jury d'accusation*, avant le Code d'instruction criminelle; c'était le grand jury des Anglais,

Lorsqu'une affaire est renvoyée à cette chambre, elle examine s'il existe contre le prévenu des preuves ou des indices d'un fait qualifié crime par la loi, et si ces preuves et ces indices sont assez graves pour que l'accusation soit prononcée.

En cas de mise en accusation, l'affaire est portée à la Cour d'assises.

Les assises se tiennent ordinairement tous les trois mois, dans le chef-lieu de chaque département du ressort.

Le garde des sceaux ministre de la justice nomme, pour chaque tenue d'assises, un membre de la Cour royale, qui les préside. Il nomme également les quatre conseillers qui assistent le président, aux assises du département où siége la Cour royale.

Dans les autres départemens, le président des assises est assisté par quatre juges du tribunal de première instance du lieu où elles se tiennent, à moins que la Cour royale n'ait trouvé bon d'y envoyer des conseillers.

Lorsque le ministre de la justice n'a pas usé du droit de nommer les présidens d'assises, cette nomination appartient au premier président de la Cour royale.

Le ministère public est exercé aux assises

du chef-lieu de la Cour royale, par le procureur général, ou, en son nom, par les avocats généraux, ou par les substituts, ou par les conseillers - auditeurs attachés au parquet. Dans les autres départemens, l'accusation est soutenue par le procureur du Roi, ou par l'un de ses substituts.

Le procureur général peut faire le service des assises dans tout le ressort, quand il y croit sa présence nécessaire.

Nous allons parler successivement des règles de détail qui servent à mettre cette organisation en mouvement, et à diriger sa marche.

Des Mises en accusation.

On a vu comment se jugent les prévenus de contraventions et de délits. Il s'agit maintenant du mode de juger le prévenu de crime. La peine qui doit l'atteindre, s'il est coupable, lui enlevera l'honneur, la liberté, et quelquefois la vie. Les formes doivent donc être plus solennelles.

Dès que le procureur général a reçu les pièces qui lui ont été transmises, dans les cas de renvoi dont nous avons parlé, il est obligé de mettre l'affaire en état dans les cinq jours, et de faire son rapport dans les cinq autres jours suivans, devant une chambre de la Cour, spécialement formée à cet effet sous le nom de chambre des mises en accusation. Cette chambre doit se réunir au moins une fois par semaine. Ses audiences ne sont pas publiques. Celui qui la préside est tenu de faire rendre arrêt dans les trois jours au plus tard, après le rapport du procureur général. La captivité du prévenu doit cesser le plus tôt possible, s'il est innocent. La société est intéressée, s'il est criminel, à ce que de trop longs retards n'occasionent pas le dépérissement des preuves, et par suite l'impunité du crime.

Le greffier donne aux juges, en présence du procureur général, lecture de toutes les pièces du procès; puis elles sont laissées sur le bureau, ainsi que les mémoires que la partie civile et le prévenu peuvent avoir fournis.

Le prévenu qui s'est caché ou qui s'est enfui, peut également fournir un mémoire, et son mémoire doit être lu.

Quand les pièces ont été lues, le procureur général dépose sur le bureau sa réquisition écrite et signée, et se retire avec le greffier.

La chambre examine d'abord si le fait est défendu par la loi, et dans ce cas, si elle est compétente. Elle examine ensuite s'il existe

contre le prévenu des présomptions suffisan-
tes, pour qu'il y ait lieu de l'accuser et de le
mettre en jugement. Elle ne voit ni le prévenu, ni la partie civile, ni les témoins de l'un
et de l'autre.

Sous l'empire du Code de brumaire an 4,
il y avait un jury d'accusation, c'est-à-dire,
des jurés qui délibéraient sur la valeur des
présomptions et des indices, pour savoir s'il
convenait de mettre le prévenu en accusation.

Il était difficile à des jurés de calculer cette
valeur d'après une instruction encore incom-
plète, et de ne pas confondre souvent les présomptions et les preuves. De trop fréquens
exemples avaient démontré que, dans cette
confusion, les jurés cherchant des preuves qui
n'existent pas encore, et qui ne doivent servir que pour le jugement, négligeaient des
indices qui devaient suffire pour une simple
accusation, et qu'au lieu de renvoyer le prévenu pour être jugé, ils le jugeaient eux-mêmes
et prononçaient son acquittement. C'est aux
magistrats de la Cour royale qu'on a cru
devoir confier le soin de distinguer les fortes
présomptions, des indices trop faibles, et celui
de saisir les nuances d'après lesquelles on doit

prononcer ou ne pas prononcer la mise en accusation.

La chambre doit statuer, par un seul et même arrêt, sur les délits connexes, dont les pièces se trouvent en même temps produites devant elle. Il y a connexité, dit l'art. 227 du C. d'inst. crim., lorsque les délits ont été commis en même temps par plusieurs personnes réunies, ou lorsqu'ils ont été commis par différentes personnes, même en différens temps et en divers lieux, par suite d'un concert formé à l'avance entre elles, ou bien encore lorsque les coupables ont commis, les uns pour se procurer le moyen de commettre, les autres pour en faciliter, consommer l'exécution, ou pour en assurer la publicité.

La Cour royale peut, dans toutes les affaires, ordonner des informations nouvelles ; elle peut même faire apporter devant elle les pièces servant à conviction, informer et faire informer d'office sur les faits survenus à sa connaissance, soit qu'il y ait ou qu'il n'y ait point eu de poursuites, ou d'instruction déjà commencées. Alors c'est un des membres de la chambre qui remplit les fonctions de juge-instructeur, art. 235-241.

Lorsque la Cour dit qu'il n'y a pas lieu à

accusation, elle ordonne la mise en liberté du
prévenu; ce qui est exécuté sur-le-champ,
s'il n'est retenu pour autre cause.

Si la Cour estime que le fait imputé n'est
qu'une contravention ou un délit, elle renvoie le prévenu devant un tribunal de simple
police, ou devant un tribunal correctionnel
qu'elle désigne.

Elle ne prononce la mise en accusation
que dans le cas où il existe contre le prévenu
des présomptions assez fortes d'un fait emportant peine afflictive ou infamante. Alors l'affaire est renvoyée à la Cour d'assises.

Si l'infraction a été mal qualifiée, dans
l'ordonnance de prise de corps décernée par
les juges de première instance (*V.* art. 134),
la Cour l'annulle, et en décerne une nouvelle
contenant le nom du prévenu, son signalement, son domicile, l'exposé du fait et la
nature du délit.

L'arrêt de mise en accusation contient l'ordre de conduire l'accusé dans la maison de
justice établie près la Cour d'assises, où il est
renvoyé.

Avant le Code d'instruction criminelle, *l'acte
d'accusation* précédait la mise en accusation.
Ce système était vicieux; aujourd'hui cet acte

ne peut être rédigé par le procureur général
qu'après l'arrêt de mise en accusation. Il n'admet par conséquent que les circonstances qui
doivent être admises, et ne contient plus que le
développement des faits sur lesquels la Cour
royale a reconnu de fortes présomptions. L'acte
d'accusation doit être terminé par un résumé,
où l'on voit d'un coup d'œil quel est le crime,
et quelles sont ses circonstances. Après le tableau des faits, l'analyse de l'instruction, et le
classement des indices de culpabilité, le rédacteur termine ainsi : « En conséquence, un tel
» est accusé d'avoir commis tel crime avec telle
» ou telle circonstance. » L'arrêt de mise en
accusation est le type de ce résumé, qui de son
côté sera le régulateur de la question proposée
aux jurés, devant la Cour d'assises, quand on
leur demandera si l'accusé est coupable.

Lorsque la chambre d'accusation a renvoyé
une affaire devant la Cour d'assises, l'arrêt
de renvoi et l'acte d'accusation sont signifiés
à l'accusé, et il lui est laissé copie du tout.
Dans les vingt-quatre heures qui suivent cette signification, il est transféré de la maison d'arrêt
dans la maison de justice établie près la Cour
où il doit être jugé. Le procureur général
doit donner avis de ce renvoi, tant au maire

du domicile de l'accusé, qu'à celui du lieu où
le délit a été commis. Ainsi les maires sont
mis à portée de fournir à la justice les renseignemens qui peuvent leur être parvenus, et
de donner avis à la famille des accusés de la
position dans laquelle ils se trouvent.

Si l'accusé ne peut être saisi ou ne se présente point, on procède contre lui par contu-
mace; il y a, dans ce cas, des règles particu-
lières à suivre, qui seront indiquées plus
loin.

Lorsque l'arrêt portant qu'il n'y a pas lieu
à accusation, est motivé sur ce qu'il n'existe
pas de motifs suffisans de culpabilité, le
prévenu ne peut plus être traduit en justice
à raison du même fait. Cet arrêt serait même
attaqué vainement par la voie de cassation, car
l'appréciation des indices ne peut jamais donner
ouverture à la cassation. Cependant, s'il sur-
venait de nouvelles charges, les poursuites pourraient être reprises contre le prévenu. Les nouvelles charges sont des déclarations de témoins,
des pièces ou des procès-verbaux qui, n'ayant
pu être soumis à l'examen de la chambre des
mises en accusation, sont de nature à donner
plus de poids aux indices que la Cour a d'abord
trouvés trop faibles, ou à fournir de nouveaux

développemens utiles à la manifestation de la vérité.

Mais si l'arrêt portant qu'il n'y a point lieu à accusation, était motivé sur ce que le fait imputé au prévenu, ne constitue ni crime, ni délit, ni contravention, ou bien sur ce que ce fait, quoique réputé crime, délit ou contravention, est prescrit, la découverte de nouveaux indices ou de nouvelles charges qui ne changeraient pas la nature du fait, ne pourrait porter aucune atteinte à la décision déjà rendue; et jamais, dans ce cas, il ne pourrait y avoir lieu à de nouvelles poursuites. Seulement, le ministère public devrait se pourvoir en cassation, si l'arrêt, motivé sur la prescription, par exemple, ou sur ce que le fait imputé ne constitue ni crime, ni délit, ni contravention, avait formellement violé la loi dans l'un de ses points.

Quand il y a lieu à la reprise des poursuites, par survenance de charges nouvelles, l'officier de police judiciaire ou le juge d'instruction auquel ces charges sont parvenues, les transmet sans délai au procureur général près la Cour royale; et avant même de les avoir transmises à ce magistrat, il peut décerner un mandat de dépôt contre le prévenu, si celui-ci a déjà recouvré sa liberté.

Le procureur général, d'après l'envoi qui lui a été fait des nouvelles charges, fait ses réquisitions pour la reprise des poursuites, et le président de la chambre d'accusation indique un de ses membres pour procéder à la nouvelle instruction.

Toutefois si la chambre des mises en accusation n'avait pas connu des anciennes charges, comme lorsque le tribunal de première instance a déclaré qu'il n'y avait lieu à suivre, et que son ordonnance n'a point été attaquée par opposition devant la chambre d'accusation, alors la nouvelle instruction, sur la survenance des charges, doit être faite par les officiers de police judiciaire qui avaient procédé à la première.

Il nous reste à faire observer que les arrêts des chambres d'accusation doivent être signés par chacun des juges qui y ont concouru, et qu'il doit y être fait mention, à peine de nullité, tant de la réquisition du ministère public, que du nom de chacun des juges.

En cas de partage d'opinions sur la mise en accusation ou sur toute autre question d'instruction en matière criminelle, l'arrêt doit

www.ingramcontent.com/pod-product-compliance
Lightning Source LLC
Chambersburg PA
CBHW070859210326
41521CB00010B/2005